Droit Constitutionnel

Le Pouvoir et la Religion

TABLE DES MATIERES

CONCLUSION

43

INTRODUCTION

Comme le disait Thomas Hobbes: " L'homme est naturellement porté à se quereller contre ses semblables". Ce qui n'est pas étonnant dans la mesure même où dans toute société humaine, existe des phénomènes de compétition pour le pouvoir.

Selon Max Weber, le processus de formation du pouvoir politique se trouve dans la tradition, le charisme ou la loi.

Pour s'y maintenir le plus longtemps possible, divers moyens sont employés par les chefs politiques. La religion constitue un de ces moyens. A travers l'histoire politique de la société humaine, la religion a été et reste jusqu'à nos jours un moyen efficace pour contrôler le peuple. Ce qui fait que la tendance est de l'utiliser à des fins politiques.

Cette autorité tirée de la religion a engendrée l'interpénétration entre ce qui est temporel et spirituel.

Le problème qui se pose est alors de savoir l'étendue de l'influence de la religion sur l'exercice du pouvoir politique.

La réponse à cette question nous emmène à voir en première partie, la confusion entre les domaines spirituel et temporel. En deuxième partie, nous essayerons de voir un remède aux ambiguïtés des rapports existant entre l'Eglise et l'Etat.

PREMIERE PARTIE : LA CONFUSION ENTRE LES DOMAINES SPIRITUEL ET TEMPOREL

Pour mieux expliquer la confusion entre les domaines spirituel et temporel, nous allons commencer par étudier les raisons qui incitent les gouvernants à utiliser la religion comme moyen de conquête et de consolidation du pouvoir et ensuite, analyser les manifestations de cette confusion.

A- Les raisons d'utilisation de la religion à des fins politiques:

Etant une projection des normes et des valeurs collectives, la religion est un phénomène universel car aucune société n'existe sans religion. Toutefois, c'est un phénomène sans unité puisque, les religions ne se ressemblent pas dans le temps et dans l'espace. Si certains ont cru en l'existence de plusieurs Dieux, d'autres ont par contre foi qu'en un seul Dieu. Par ailleurs, ces dieux ou Dieu n'ont pas dans l'espace et dans le temps ni les mêmes priorités, ni les mêmes règles de vie.

L'intérêt de la religion réside dans le fait qu'elle permet de répondre facilement aux interrogations que nous formulons face aux événements qui nous entourent.

Pour mieux expliquer l'importance de la religion dans la conquête et la consolidation du pouvoir, nous allons voir son origine et ses fonctions dans la société.

1- Les origines et fonctions de la religion:

Tout d'abord, la religion serait née de l'angoisse humaine face aux mystères de l'univers. Autrement dit, elle serait l'expression de notre peur de l'inconnu (Univers) et de notre sentiment de finitude face à nature imprévisible et non maîtrisable. Face à ces puissances terrifiantes, il faut alors les amadouer par des offrandes, sacrifices, prières, …. Outre cette peur, la pauvreté, la misère intellectuelle entraînant l'absence d'imagination au profit de la conservation de l'acquis et surtout le refus de la mort (la mort physique ne peut être niée qu'en déclarant la vie physique illusoire) expliquent l'engouement vers la religion.

La religion serait aussi liée à l'évolution de l'humanité comme a pu le croire Auguste Comte à travers sa "Loi des trois états". Selon cet auteur, il y a trois étapes de l'humanité et tout peuple, tout individu doit passer par chaque étape afin de parvenir au progrès. Durant la première étape appelée étape théologique, l'homme recherche l'origine première ou la fin dernière des phénomènes et croit les trouver soit dans des intentions qui animent les objets ou les êtres (fétichisme), soit dans l'action d'êtres surnaturels (polythéisme) ou celles d'un Dieu Créateur (monothéisme).

L'esprit théologique est anthropomorphique c'est-à-dire: qui a tendance à peupler la nature de forces ou de dieux dont il conçoit l'action sur le mode de l'action humaine. Dans la seconde étape de l'évolution de l'humanité appelée étape métaphysique, l'esprit humain a progressé puisqu'il s'est dégagé de l'anthropomorphisme et que ses explications sont devenus plus rationnelles. Cependant, la démarche reste la même car il s'agit de rechercher une causalité première et absurde du monde. C'est à la troisième étape où l'esprit humain est devenu scientifique et positif que l'homme renonce aux explications absolues, théologiques ou métaphysiques. Son mode de pensée est celui des sciences expérimentales.

Ce qui signifie qu'il observe les faits, puis repère les relations constantes qu'ils ont entre eux c'est-à-dire les lois et ne recherche plus à connaître les causes premières. Dans la loi de la gravitation par exemple, Isaac Newton ne dit rien sur l'origine première des phénomènes gravitationnelles, il se contente de dire quelles relations constantes existent entre les corps, leur masse et leur distance. En conséquence de cette théorie énoncée par Auguste Comte, une société ou individu se trouvant au stade théologique serait plus croyant et facilement manipulée qu'une société ayant déjà accédé au stade scientifique.

Les fonctions de la religion dans la société permettent aussi de voir son rôle politique. Elle a essentiellement trois fonctions. La première est la fonction symbolique par laquelle la religion légitime un ordre politique. Cela se manifeste par la présence des représentants des différents cultes à l'investiture du président de la République et aussi par leur consultation dans l'élaboration des projets de loi concernant les questions éthiques. Sa seconde fonction est rituelle car la religion donne un caractère solennel et sacré aux actes importants qui jalonnent l'existence humaine et sa troisième fonction est la fonction culturelle. Par cette dernière fonction, la religion apparaît comme des modèles culturels qui renforcent respectivement les valeurs (Islam, Catholicisme, Protestantisme,...) religieuses et ethniques. Elle est alors utilisée dans une perspective identitaire. Cela explique les affrontements violents entre les Catholiques et Protestants qui ont ensanglantés l'Irlande du Nord et le soi-disant conflit actuel entre l'Occident et le monde Islamique. Les origines et fonctions de la religion dans la société montrent que c'est la sacralisation de la politique et la transfiguration religieuse de la souveraineté qui expliquent le rôle politique qu'a la religion.

2- Les conséquences de cet usage de la religion :

Comme nous l'avons énoncé dans la première partie relative aux origines de la religion, la misère intellectuelle constitue un des origines de la religion. Et cela dans la mesure où cette dernière donne déjà des explications et des réponses satisfaisantes. Or, savamment entretenues, cette ignorance est la plus sûre des "prisons" car l'obscurantisme et le fanatisme qu'elle entretient permet à un chef quelconque d'asseoir son autorité morale et politique et de satisfaire en même temps sa volonté de puissance sur les autres. Cela s'est manifesté tout au long de l'évolution historique de l'humanité par de nombreuses guerres menées au nom de Dieu et par les affrontements passées et présents entre groupes religieux, ainsi qu'aux marginalisations et persécutions dont sont victimes aujourd'hui encore des millions de personne du fait des châtiments abominables et grotesques(mutilation, lapidation) infligés dans certaines parties du monde d'Afrique et du Moyen-Orient. En mélangeant ce qui est terre à terre au surnaturel, les chefs politiques disposent d'une autorité religieuse manipulant la conscience populaire, en offrant aux croyants une palette d'expériences émotionnelles forte et enivrantes. Ces obscurantismes et fanatisme expliquent le mystère des kamikazes. Incompréhensible vue d'Occident, la planification de la mort volontaire date, en fait de la guerre du Pacifique. En 1944, en créant des unités spéciales d'attaque par choc corporel, le Japon croit avoir trouvé l'arme fatale. Les unités sont surnommées "Vents de Dieu" (Kamikazes). Les kamikazes musulmans motivés aussi par des causes patriotiques. La plupart partagent la même conviction qu'en combattant au nom de l'Islam ils accèdent directement au saint des saints. Mourir pour le djihad, signifie alors accomplir la vengeance de Dieu. Théorisée, la vocation de martyr séduit des recrues endoctrinées.

Cela confirme bien l'idée selon laquelle la religion est l'opium du peuple. Le problème de toute religion c'est que chaque croyant croit que sa religion est la seule et la vraie et qu'il croit avoir raison d'agir ainsi. Cette situation entraîne une atteinte aux convictions des autres par la discrimination qu'elle crée.

Cette atteinte aux libertés concernait en premier lieu la libre-pensée de l'individu avant d'atteindre son intégrité physique. La liberté de pensée est apparue au moment de la revendication de l'autonomie de la connaissance humaine contre les règles religieuses qui prétendent la limiter. En effet, lorsque certains penseurs (Socrate, François Villon, Rabelais, Voltaire,...) ont récusés les mythes religieux explicatifs des origines du monde et de l'ordre des choses, en tentant de leur substituer l'observation et l'analyse rationnelle, le dogmatisme religieux s'est dressé pour en être le principal adversaire. Cette intolérance a conduit l'Eglise à imposer des méthodes de conversion et de préservation de la foi comme celles des excommunications, de l'Inquisition, des Croisées, ...qui ont imposé aux "Rebelles" le repentir, la punition et le cas échéant la mort s'ils venaient à récidiver.

B- Les manifestations de cette confusion:

Dans l'histoire politique de toute société humaine, la religion a été toujours confondue avec la gestion des affaires de l'Etat. L'importance des rapports de l'Etat et des Eglises ont constamment constitués les données permanentes de la vie politique de tous les pays.

1- L'interpénétration entre ce qui est religieux et affaire de l'Etat :

L'étude des sociétés humaines montre que le pouvoir politique s'est édifié par le rassemblement entre les mains d'un souverain la force militaire et la force religieuse. Cela explique la séparation difficile entre les deux institutions que sont l'Eglise et l'Etat. Durant le Moyen Âge en France, l'Eglise Catholique exerçait son pouvoir à la fois sur les consciences, les mœurs et les pouvoirs en place. En Angleterre, la Reine (le Roi) doit être de religion Protestant. Aux Etats-Unis, la Constitution n'impose aucune religion déterminée au Président de la République mais une règle non écrite et jusqu'à présent intransgréssée veut qu'il soit de religion Protestante. Pour mieux expliquer cette "obligation" pour le président des Etats-Unis d'être de religion protestante, il faut remonter dans l'histoire du pays. La religion est ancrée dans l'histoire des Etats-Unis, l'Amérique ayant été colonisé par des Européens qui fuyaient les persécutions religieuses. Bien que la société américaine soit fondée sur la liberté religieuse, ce sont les protestants qui ont longtemps dominés. La constitution des Etats-Unis stipule clairement la séparation de l'Eglise et de l'Etat. Mais chaque session du congrès s'ouvre par une prière et il y a même un Chapelain appointé au Capitole. Constatant cet engouement religieux, Alexis de Tocqueville écrivait que: "La religion en

Amérique n'a pas un rôle direct dans le gouvernement de la société " mais elle doit être considérée comme la première des institutions politiques". L'engagement actif des groupes religieux dans la vie publique est typiquement américain. Cela se manifeste même par l'application à la religion des techniques marketings pour mieux vendre les "produits évangéliques". La forte prépondérance de la religion dans la vie de l'Etat s'explique par le fait que malgré la transformation de la société, la régression des croyances concernant un Dieu justicier (tel que le présente la Bible et qui implique la notion de pêcher) n'élimine pas, notamment chez les jeunes la dimension affective de l'expérience religieuse (Dieu est aussi amour). Par ailleurs, la perte du monopole moral de la religion comme autorité suprême ne supprime pas non plus son rôle de repère et de guide face aux nouveaux problèmes éthiques importants. La religion continuerait donc d'être considérée comme une réponse à des demandes d'intercessions. Elle constitue ainsi une assurance spirituelle et un élément affectif et éthique important dans l'organisation et le fonctionnement de l'Etat.

2- L'existence des partis politiques religieux :

Par définition, les partis politiques sont des groupements de personnes défendant la même opinion dans le but de d'accéder au pouvoir. Les partis politiques sont religieux lorsqu'une religion exerce officiellement ou officieusement une influence sur eux. Cela n'est pas étonnant dans la mesure où jusqu'à nos jours, les institutions religieuses n'ont à transformer le monde en un royaume de croyants (Chrétien, Musulman, …).

En Afrique, la prépondérance des polarités religieuses entraîne l'importance politique des Eglises. Cette importance est en grande partie imposée par les dictateurs qui la précèdent. Cela n'explique pas le fait que dans le champ de ruine que laissent ces régimes politiques, les organisations religieuses sont les seules à fonctionner, le cas du Zaïre en est une expression extrême. Et cela grâce au soutien des partis européens apparentés et au nombre de ces adhérents qui font sa force. Cette force paraissant d'autant plus grande que le pays est plongée dans le chaos et l'anarchie. Par exemple, la partie catholique ougandaise de

1956. Durant la colonisation en Afrique, les religions ont joué un rôle fondamental dans l'implantation des organisations politiques. Les missionnaires de nationalités et de religions différentes se sont mêlées avec plus ou moins de succès à la politique en utilisant la stratégie consistant à s'approprier le système éducatif, tout en mettant en avant l'argument de la liberté religieuse. Après que les pays anciennement colonisé aient accédé à l'indépendance, un déclin de la mobilisation politique sur des bases religieuses s'est fait sentir. Toutefois, cet accès à l'indépendance n'a pas supprimé l'utilisation des valeurs spirituelles dans la conquête du pouvoir politique. Le gouvernement s'en sert par exemple pour affaiblir l'opposition.

DEUXIEME PARTIE : LE REMEDE AUX AMBIGUÏTES DES RAPPORTS ENTRE L'ETAT ET L'EGLISE (LA LAÏCITE)

La complexité socio-politique et religieuse justifie la neutralité de l'Etat à l'égard des Eglises. En effet, les relations entre les systèmes politiques et les institutions religieuses sont rarement équilibrées et naviguent entre deux périls. Et cela, dans la mesure où il y a, soit l'embrigadement du politique par le religieux, soit la manipulation de la religion par les forces politiques. Etant une conception sociale visant à la neutralité réciproque entre les pouvoirs spirituel et temporel, la laïcité est indispensable pour le bon fonctionnement de la société.

A- Explication de la notion de laïcité:

Le mot « Laïcité» s'est formé au XIX è siècle sur l'adjectif « Laïc» qui, selon le Littré: « ce qui n'est ni ecclésiastique, ni religieux».

Etymologiquement, ce terme vient du grec « Laos» qui signifie peuple. Au sens large, la laïcité signifie la perte d'emprise de la religion sur la société. Synonyme de sécularisation, ce processus s'est progressivement accompli, de façon plus ou moins achevée, dans toutes les démocraties occidentales. Au sens étroit, le terme Laïcité implique le refus de l'assujettissement du politique au religieux, entraîne ainsi la reconnaissance du pluralisme religieux et la neutralité de l'Etat vis-à-vis de l'Eglise. La raison est que: ce n'est pas l'existence de la religion qui pose problème, c'est sa pénétration dans le système politique.

1- L'historique de la Laïcité :

L'origine principale de la notion de Laïcité se situe au début de la révolution française de 1789, avec le passage de la souveraineté du Roi de droit divin à une souveraineté par la Nation. En effet, la Laïcité est enracinée dans les institutions françaises, suite à trois grandes ruptures qui sont successivement: la dépossession de la souveraineté du Roi au profit du peuple, l'exclusion de la religion de l'école publique et la laïcisation de la République par l'affranchissement du peuple souverain de toute tutelle extrinsèque par la séparation entre l'Eglise et l'Etat. La France a réalisé de manière irréversible la dissociation entre la citoyenneté et l'appartenance religieuse par l'affirmation du caractère laïc de l'Etat et de la Nation et, par la proclamation de la liberté de conscience et de culte. Ce processus de laïcisation s'est mis progressivement en place pendant plus d'un siècle. Il a débuté par la laïcité idéologique. Cette première étape s'est fait par la proclamation de la liberté de conscience et de religion dans l'article 10 de la Déclaration universelle des droits de l'homme et du citoyen qui énonce que: « nul ne peut être inquiété pour ses opinions, mêmes religieuses, pourvu que leur manifestations ne troublent pas l'ordre public établi par la Loi». L'étape qui suit la laïcisation idéologique est la laïcisation juridique qui consiste à utiliser la notion de laïcité comme référence de la Constitution de l'Etat. Cela est fait, dans le but de délimiter le cadre juridique qui assure la liberté de conscience et l'égalité de tous les citoyens qu'ils soient croyants, athées ou agnostiques. La raison est que: la coexistence pacifique entre les différentes convictions religieuses ne peut de faire que, lorsque le pluralisme religieux est garanti. A Madagascar, dans le préambule de la constitution du 29 avril 1959, le peuple malagasy proclame sa "croyance en Dieu". Par ailleurs, l'ordonnance 62-117 du 1 Octobre 1962 codifie sans la nommer la laïcité de l'Etat. Et cela dans la mesure où l'article 1 stipule que: " l'Etat garantit la liberté de conscience des citoyens ainsi que la libre exercice des cultes sous les seules restrictions édictées par la présente ordonnance dans l'intérêt de la morale et de l'ordre public. Et l'article 2 énonce que : "l'Etat ne salarie ni ne subventionne aucun culte". La constitution de 1998 affirme aussi dans son article 1 que :" le peuple malagasy constitue une Nation organisée en Etat souverain et laïc" en précisant dans son préambule" le peuple malagasy souverain résolu à promouvoir et à développer son héritage de société pluraliste et respectueux de la diversité, de la richesse et du dynamisme de ses valeurs éthico-spirituelles et socioculturelles notamment "le fihavanana" et les croyances au Dieu créateur". Cette prudence du Législateur montre à la fois une précaution ethnologique et la pression de l'idéologie chrétienne. Lors de la révision de la constitution par voie du référendum du 4 Avril 2007 la notion de Laïcité de l'Etat malagasy a été supprimée, seule la croyance religieuse de la République est affirmée. Cette croyance religieuse étant assortie de la liberté de conscience et des pratiques religieuses, la neutralité de l'Etat vis-à-vis de l'Eglise est alors affirmée. Seulement, la laïcité est restée au stade idéologique car elle n'a plus une valeur constitutionnelle à Madagascar. Les valeurs contenues dans la notion de Laïcité, c'est-à-dire: la liberté de conscience et de culte, l'égalité des religions et des convictions contribuent à la promotion des droits de l'homme et à la démocratisation de la société.

2- Les aspects de la Laïcité :

La Laïcité se manifeste d'abord, par la neutralité de l'Etat vis-à-vis de l'enseignement public (Lois Ferry de 1882) et surtout face aux religions (Lois de 1905). Cette neutralité en matière religieuse se manifeste par:

- La non-immixtion de l'Etat dans la vie interne des religions
- L'égalité de traitement entre les religions

En conséquence, aucune religion ne doit être privilégiée et il n'y a pas de hiérarchie entre les croyances et entre les croyants et non-croyants.

La laïcité se manifeste ensuite, par le respect de la liberté de conscience c'est-à-dire: la tolérance de l'Etat vis-à-vis des religions en vue de permettre la diversité religieuse au sein de la société. Autrement dit, l'autre aspect de la laïcité c'est aussi le pluralisme religieux qui conduit l'Etat à garantir la liberté de chacun d'exprimer sa religion, de la pratiquer et même de l'abandonner et, de protéger les cultes minoritaires contre les discriminations dont ils peuvent faire l'objet.

Par ces valeurs qu'elle défend, la laïcité vise à assurer à chaque personne, la liberté de se définir, sans allégeance obligée, en particulier, dans l'espace réservé à la formation de l'esprit critique et des valeurs communes. Par ailleurs, elle organise la paix sociale en s'opposant au «Communautarisme» qui peut conduire à l'exaltation des différences entre les individus et au conflit entre les identités. En d'autres termes, la laïcité contribue à l'épanouissement de l'homme en tant qu'individu et citoyen car elle est un ciment capable d'unir les hommes contre les barrières idéologiques qui pourraient les séparer. La notion de laïcité étant expliquée, nous allons étudier son application au niveau des systèmes politiques.

B- L'application de la laïcité:

Malgré la reconnaissance des bienfaits et la recommandation de l'application de la laïcité au niveau international, de nombreux obstacles empêchent l'avènement d'une communauté internationale laïque et démocratique.

En effet, l'application effective de la laïcité au niveau des systèmes politiques existants demeure une problématique.

1- Les problèmes constatés :

De nos jours, l'influence de l'Eglise demeure une réalité importante dans le fonctionnement de l'Etat. Bien que la séparation est prônée entre l'Eglise et l'Etat, il ne s'agit que d'une séparation théorique mais pas absolu. En effet, l'Eglise continue à s'immiscer dans les affaires de l'Etat par le «Lobbying religieux». Ces groupes de pression religieux continuent à imposer leurs visions et convictions dans la rédaction et l'adoption des textes de Lois relatifs aux questions bioéthiques, c'est-à-dire sur tout ce qui a trait à la procréation, à l'euthanasie… et aux questions de mœurs, par exemple: la divergence sur le mariage homosexuel… Les actions de ces groupes de pression religieux sont considérables sur les détenteurs d'autorité car elles influent sur leur prise de décision. Outre ce Lobbying religieux, des leaders ecclésiastiques conscients de leur charisme vis-à-vis de leurs fidèles s'engagent sur la scène politique dans un contexte de crise sociale, politique, économique ou culturelle en vue d'orienter l'opinion politique de la masse populaire. La religion demeure donc jusqu'à l'heure actuelle un «instrument politique». Autrement dit: la religion est toujours utilisée dans le but de conquérir le pouvoir et s'y maintenir. De nos jours, des chefs politiques n'hésitent pas à recourir à la religion pour renforcer son pouvoir. Et cela, dans la mesure où les fonctions remplies par les religions dans la société, assurent aux Gouvernants la domination sur les Gouvernés. En effet, l'influence de la religion permet aux Gouvernants de manipuler à leur guise la conscience collective, de s'assurer la soumission des Gouvernés. Et cela, par un machiavélisme dans sa forme la plus achevée et la plus réussie qui est l'art subtil d'asservir sans enchaîner. Lors des manœuvres en Irak en 2003 par exemple, George Bush et Saddam Hussein enrôlent Dieu dans leur conflit. En effet, par une "mascarade religieuse" chacun d'eux tentait de faire de la religion une arme, en imprégnant leur discours des références à la religion. Dès l'envoie des premières bombes sur Bagdad, George Bush lance:"que Dieu bénisse notre pays et tous ceux qui le défendent". De son côté, haranguant son peuple Saddam Hussein le pousse carrément au djihad(guerre sainte) en utilisant les arguments des groupes terroristes de l'Islam selon lesquelles: "Celui qui est tué sur les terrains combat, sera récompensé par un paradis éternel".

Face à ces problèmes d'application, diverses mesures doivent être prises pour assurer l'organisation et le bon fonctionnement de la société.

2- Les solutions proposées :

La religion est un phénomène commun à toute société humaine. Cependant, dans l'histoire politique de chaque société, elle a toujours été utilisée comme un instrument de conquête et de consolidation de pouvoir. C'est ainsi qu'au lieu d'être un facteur de cohésion, la religion divise les membres d'une société donnée. En effet, en vue de conquête du pouvoir, certains leaders politiques n'hésitent pas à utiliser l'utilisation de la violence par la religion. Par ailleurs, devenu le bras séculier de la politique, la religion est tentée d'imposer sa morale même à ceux qui n'y adhèrent pas. Et cela entraîne une situation d'intolérance. Il faut de ce fait, dépolitiser la religion. Pour qu'il y ait dépolitisation de la religion, il faut en premier lieu , l'absence d'engagement religieux du gouvernement afin de ne pas faire naître, ni aggraver les tensions de nature religieuse. Il faut par la suite, lutter contre le factionnalisme religieux qui ne peut se faire que par la formation d'un gouvernement d'union et de réconciliation nationale et enfin, la pacification des relations entre l'Etat et l'Eglise c'est-à-dire la lutte contre la direction religieuse de la vie politique et inversement, la direction politique de la vie religieuse doit être un point sur lequel les autorités politiques et religieuses se mettent d'accord.

L'autre solution proposée pour une bonne application de la laïcité consiste à réactualiser ce terme.

Face au malaise politico-religieux résultant des recours permanents à la violence comme mode de régulation des problèmes sociaux et religieux, l'intégration de la laïcité dans le processus démocratique est nécessaire pour que sa force morale et éducative puissent être prises en compte. Cela nécessite la réconceptualisation du terme. En effet, l'application ouverte et positive de la laïcité pour parvenir à la construction d'une société laïque et libérale. Pour ce faire, il faut supprimer les réactions crispées et dogmatiques comme le fait de réaffirmer le caractère purement privé des questions religieuses et spirituelles, au moment même où des individus ou groupes d'individus insatisfaits par les systèmes symboliques en place, cherchent à s'exprimer de façon démocratique dans l'espace public. Cette réconceptualisation de la notion de laïcité va ainsi permettre de venir à bout des obstacles de nature historiques et sociologiques qui empêchent la reconnaissance mutuelle entre démocratie et religion. En effet, de point de vue historique, la démocratie a été arrachée aux forces religieuses qui s'y sont longtemps opposées. Ce qui fait que même à notre époque

(contemporain), les rapports créés entre religion et démocratie ont tendance à s'exercer de manière antidémocratique (terrorisme de certaines franges de l'Islam) au dépens du noyau fondamental de paix, d'amour et de non- violence qui devraient caractériser la religion. Par ailleurs, cette approche spirituelle de la démocratie est nécessaire dans la mesure où les démocraties ont besoin des religions par leurs contenus morales et spirituelles pour souder le corps social.

CONCLUSION

Pour conclure, les questions religieuses doivent être intégrées dans le cadre de la démocratisation de la communauté internationale et la promotion des droits de l'homme. Et cela, dans la mesure où les éléments de la démocratie classique n'assurent pas eux-mêmes la victoire de la démocratie que si l'environnement social est propice à l'ancrage des valeurs démocratiques et que la conscience des gens accepte la règle de la majorité tout en sauvegardant les droits de la minorité.

Constituant ainsi une protection fondamentale des libertés publiques, la portée démocratique et universelle de la laïcité contribue à faire vivre ensemble des femmes et des hommes différents mais égaux, libres et solidaires.

www.ingramcontent.com/pod-product-compliance
Lightning Source LLC
Chambersburg PA
CBHW071117220526
45467CB00004B/1926